Andrea Küssner-Neubert

Einfach und kreativ

Bastelspaß für die ganze Familie

christophorus

Inhalt

Kreative Ideen

Kinder stecken voller Fantasie und haben jede Menge kreative Ideen. Sie lieben es, aus Eierkartons, Konservendosen, Papprollen, Tetrapacks, Joghurtbechern und Korken kleine Spielsachen, Dekorationen oder Geschenke zu basteln. Recyclingmaterialien finden sich in jedem Haushalt, und in Kombination mit verschiedenen Papieren, Farben, Dekobändern, Knöpfen, Stoffresten und Chenilledraht entstehen daraus die tollsten individuellen „Kunstwerke".

Das Basteln und Malen schult die motorischen Fähigkeiten auf spielerische Weise und fördert die Ausdauer. Zudem stärken die Erfolgserlebnisse das Selbstwertgefühl des Kindes.

In diesem Buch finden Kinder viele lustige Bastelideen, die mit Schritt-für-Schritt-Anleitungen und den passenden Fotos ganz einfach nachzuvollziehen und nachzuarbeiten sind. Als Hilfestellung werden Vorlagen gezeigt. Selbstverständlich können die Motivteile aber auch freihändig von den Kindern entworfen und so ihre eigenen Ideen und Vorstellungen mit eingebracht werden.

Hier ist garantiert für jeden etwas dabei: ein Hasenmädchen aus einer Filtertüte, eine Biene aus einem Überraschungsei, süße Engel aus Korken, ein Papprollen-Elefant, ein Eisbär-Fangbecher aus einer Konservendose und ein duftendes Teebeutelgespenst.

Selbstverständlich können viele der verwendeten Materialien einfach durch andere ersetzt oder auch neu kombiniert werden, je nachdem, was die Bastelkiste so hergibt. Es kommt nicht darauf an, dass alles genau der Abbildung entspricht, sondern dass die Kinder Spaß haben und möglichst viel selbstständig ausprobieren können.

Viel Spaß beim Basteln wünscht

Andrea Küssner-Neubert

Material & Technik

Recyclingmaterial

Leere Getränkeverpackungen, Konservendosen, Joghurtbecher, Käseschachteln sowie Korken, Papprollen, Filtertüten und Eierkartons eignen sich sehr gut zum Basteln, am besten in einer Kiste viele verschiedene Verpackungen sammeln. Alle Materialien, die vorher mit Lebensmitteln in Berührung gekommen sind, mit Spülmittel und warmem Wasser gründlich reinigen. An den Konservendosen sollten sich keine scharfen Ränder mehr befinden, die Kanten mit Schmirgelpapier bearbeiten oder einen Sicherheitsdosenöffner verwenden.

Papiere

Fotokarton (300 g/qm) und Tonkarton (220 g/qm) eignen sich aufgrund ihrer Formstabilität besonders für größere und tragende Teile. Sie sind in vielen Farben und mit verschiedenen Mustern erhältlich. Tonpapier (130 g/qm) ist dünner und lässt sich auch von kleineren Kindern problemlos schneiden. Tonpapier eignet sich für Details und Faltarbeiten.

Chenilledraht

Chenilledraht (Pfeifenreiniger, Biegeplüsch) ist ein mit farbigen Plüschfasern ummantelter Draht, der häufig bei der Anfertigung von Figuren eingesetzt wird. Er lässt sich gut in Form biegen und ist daher besonders gut für Arme und Beine geeignet. Es ist etwas schwierig, den Draht mit der Bastelschere zu durchtrennen, hierfür am besten einen kleinen Seitenschneider verwenden (nur Erwachsene!).

Hilfsmittel

Diese Hilfsmittel werden immer wieder benötigt und sind deshalb bei den Einzelanleitungen nicht extra aufgeführt:

- Bleistift, Anspitzer
- Radiergummi
- Bastelschere
- Transparentpapier für Schablonen
- Papprest für Schablonen
- Filz-, Bunt- und Lackstifte in verschiedenen Farben
- Plakat- und Acrylfarben
- Schulmalfarben (Deckmalfarben), Fingerfarben
- Klebstoffe
- Pinsel in verschiedenen Größen

Schablonen anfertigen

Die Umrisse des gewünschten Motivs auf Transparentpapier übertragen. Das grob ausgeschnittene Transparentpapier auf einen Papprest kleben und die Form ausschneiden. Die so entstandene Schablone auf das gewünschte Material legen, mit Bleistift umzeichnen und ausschneiden. Die Schablone kann immer wieder verwendet werden.

Kreise anfertigen

Runde Formen lassen sich ganz einfach mit einem Zirkel anfertigen (ein Erwachsener kann helfen). Dazu an einem Lineal die benötigte Größe einstellen, die Spitze vom Zirkel in das Papier stecken (weit genug vom Rand entfernt). Den Zirkel am oberen Ende anfassen, die Bleistiftspitze auf dem Papier aufsetzen und locker im Kreis herumführen. Alternativ können auch Schalen, Tassen oder Teller in der passenden Größe verwendet werden. Dazu das Gefäß auf Papier auflegen, mit Bleistift umzeichnen und ausschneiden.

Kleben

Je nach Material eignen sich Bastelkleber, Kraftkleber (ohne Lösungsmittel) und Alleskleber sehr gut. Für das Aufeinanderkleben von glatten Papieren oder Transparentpapieren am besten einen Klebestift benutzen. Den Klebstoff sparsam verwenden und etwas vom Rand entfernt auftragen. Vor dem Kleben immer die Anordnung der einzelnen Teile ausprobieren und diese dann zusammenfügen.

Schneiden

Besonders empfehlenswert sind spezielle Kinder-Bastelscheren mit abgerundeten Spitzen. Bastelscheren sind in Rechts- und Linkshänderversionen erhältlich (siehe auch Seite 8/9). Beim Schneiden das Werkstück in der Hand drehen. Bleistiftlinien wegschneiden oder später mit einem Radiergummi entfernen. Sehr dekorativ sind auch Konturenscheren, z. B. in Wellen- oder Zackenform. Pappe ist mit der Schere schwer zu schneiden, hier am besten eine Prickelnadel mit passender Unterlage verwenden.

Malen

Plakatfarben und Acrylfarben auf Wasserbasis besitzen eine hohe Deckkraft und eignen sich für viele Untergründe wie Holz, Papier, Leder, Stein, Metall, Glas, Kunststoff und Styropor. Schulmalfarben (Deckmalfarben) und Fingermalfarben haften auf sauberen Untergründen wie Papier, Pappe, Karton. Zum Bemalen größerer Flächen einen Borstenpinsel verwenden, zum Malen feiner Linien einen Haarpinsel.

Gesichter gestalten

- Die Augen der Figuren wirken lebendiger, wenn sie einen Glanzpunkt erhalten. Diese Lichtpunkte mit einem weißen Lackstift oder mit einem feinen Haarpinsel und Acrylfarbe auftupfen. Ebenso können auch Glanzpunkte auf der Nase gestaltet werden.
- Rote Wangen lassen die Gesichter fröhlicher wirken. Hierfür einen roten Buntstift anspitzen und die Holzspäne entfernen. Alternativ kann der Buntstift auch mit einem Messer oder einer Schere abgeschabt oder über eine Käseraspel gerieben werden. Die Anspitzkrümel dann mit dem Finger oder mit einem Wattestäbchen aufreiben.

Basteln mit links!

Für Kinder macht es beim kreativen Gestalten – wie auch bei allen anderen Verrichtungen – keinen Unterschied, ob sie die linke oder die rechte Hand benutzen. Eltern, Erzieher und Lehrer können dem linkshändigen Kind aber mit kleinen Hilfestellungen die Arbeit erleichtern.
Rechtshändige Erwachsene, die linkshändigen Kindern etwas zeigen möchten, haben oft Schwierigkeiten, von rechts nach links umzudenken. Zeigt ein Rechtshänder einem linkshändigen Kind zum Beispiel, wie man eine Schleife bindet, wird das Kind nur schwer den Bewegungsablauf auf die eigene Händigkeit übertragen können. Um ihm dies zu erleichtern, sollten rechtshändige Erwachsene selbst einmal versuchen, die andere Hand zu benutzen.

Darauf sollten Sie achten

Ein linkshändiges Kind braucht auf dem Arbeitstisch auf der linken Seite genügend Platz, um ungestört werkeln zu können. Der Spielgefährte sitzt am besten rechts von dem linkshändigen Kind, sodass die beiden sich nicht gegenseitig behindern. Das Werkzeug und Bastelmaterial liegt am besten links oder mittig vor dem Kind auf dem Tisch, sodass es die Dinge mit der linken Hand gut greifen kann.
Außerdem kommt es auf die richtige Körperhaltung an. Die ist nicht nur beim Basteln und Malen, sondern besonders auch beim Schreiben wichtig. Das Kind sollte gerade und locker sitzen und nicht den Kopf nach rechts drehen, den linken Ellenbogen verschieben oder die Hand hakenförmig halten. Am besten ist es, wenn das Kind die linke Hand auf die Handkante und die seitliche Fläche des kleinen Fingers stützt, wobei das Ende des Stiftes etwa in Richtung des linken Ellenbogens zeigt. Das Blatt sollte leicht nach rechts geneigt sein und von der rechten Hand festgehalten werden. Zur Übung ist eine Mal- bzw. Schreibunterlage hilfreich, auf der die Position des Blattes eingezeichnet ist.

Praktische Hilfsmittel

Ergänzend zu diesen einfach zu beachtenden Dingen gibt es verschiedene Hilfsmittel, die auf die Bedürfnisse der Linkshänder zugeschnitten sind. Linkshänder-Scheren verhindern zum Beispiel das Verdrehen der Hand. Da Linkshänder mit dem Ausschneiden auf der linken Seite beginnen, ist zudem eine gespiegelte Vorlage für einige Formen (z. B. Spiralen) sinnvoll.
Hilfreich ist auch ein Anspitzer für Linkshänder, den das Kind in der rechten Hand halten und den Stift trotzdem vom Körper weg drehen kann. Dadurch wird weniger Kraft benötigt als bei der Drehung nach innen. Hält das Kind beim Malen und Zeichnen den Stift zu steil nach oben, bieten sich dreieckige Buntstifte oder Wachsmalkreiden an, denn diese helfen durch ihre spezielle Form, die richtige Handhaltung zu üben.

Der richtige Umgang

Wichtig ist vor allem der Umgang mit der Linkshändigkeit. Erwachsene sollten auf gar keinen Fall versuchen, ein linkshändiges Kind umzuschulen. Dies kann zur Störung von Gedächtnisprozessen und zur Minderung der Konzentrationsfähigkeit führen, denn schon bei einfachen Tätigkeiten muss sich das Kind übermäßig konzentrieren. Als Folge daraus können Minderwertigkeitsgefühle und Unsicherheit entstehen. Achten Sie auch darauf, dass Ihr Kind nicht versucht, sich selbst umzuschulen.
Linkshändigkeit muss allerdings auch nicht überbetont werden. Dieses Phänomen ist vollkommen natürlich und wird auch vom Kind so wahrgenommen. Denn Linkshändigkeit ist keine Krankheit! Häufig reicht es schon, wenn Eltern, Erzieher und Lehrer sensibel sind für die Bedürfnisse des Kindes und es durch bedachte Vorbereitungen unterstützen. So kann das Basteln und Malen gelingen und natürlich allen viel Freude bereiten.

Osterkükenwagen

Du brauchst:

Eierkartonunterteil (10 Eier), grünes Ostergras, 4 Styroporkugeln (3,5 cm Ø), 4 leere Klebefilmrollen, gelbe Federn, orangefarbenes und schwarzes Tonpapier, 2 Schaschlikstäbe, 8 schwarze Halbperlen (5 mm Ø), gelbe und hellblaue Schulmalfarben, Filzstifte

So gehts:

1. Das Eierkartonunterteil bemalst du von außen mit hellblauer und von innen mit gelber Schulmalfarbe. Die Styroporkugeln malst du ebenfalls gelb an und lässt alles gut durchtrocknen. Die Klebefilmrollen umklebst du jeweils mit einem schwarzen Tonpapierstreifen.

2. Steck die Schaschlikstäbe durch den Eierkarton, kleb die Klebefilmrollen als Räder daran fest und lass die Enden von einem Erwachsenen mit dem Seitenschneider kürzen. Die Styroporkugeln befestigst du auf den Eierkartonspitzen.

3. Schneide aus orangefarbenem Tonpapier vier Schnäbel zu, knick sie in der Mitte und kleb sie an die Styroporkugeln. Ebenso bringst du die Halbperlen als Augen an. Mal noch die Gesichtskonturen auf. Mit der Schere stichst du am Kopf ein Loch und schiebst je eine kleine Feder als Kopfschmuck dort hinein. Einige Federn klebst du noch an den Körper.

4. Zum Schluss legst du das grüne Ostergras und kleine Oster-Süßigkeiten in den Osterkükenwagen.

Tipps:

Wenn du keine Halbperlen zur Hand hast, kannst du auch Wackelaugen verwenden oder die Augen aufmalen. Die Trocknungszeit kannst du mit dem Föhn verkürzen.

Die Styroporkugeln am besten auf einen Schaschlikstab stecken, dann kannst du sie ganz leicht bemalen. Anschließend stellst du sie zum Trocknen in eine Dose.

Hasenmädchen

Du brauchst:
weiße Filtertüte, roten und braunen Tonkarton, 2 rosafarbene Knöpfe, Dekobandrest, Filzstifte, orange- und rosafarbene Neon-Buntstifte, weißen Lackstift

Vorlage 1, Seite 58

So gehts:

1. Die Filtertüte bemalst du mit Neon-Buntstiften, dabei nicht so fest aufdrücken. Nach der Vorlage 1 oder freihändig malst du auf braunen Tonkarton einen großen ovalen Kopf, zwei lange Hasenohren, zwei Füße und zwei Hände. Zeichne ebenso eine Nase auf roten Fotokarton. Schneide alle Einzelteile aus.

2. Die Ohren und die Nase klebst du am Kopf fest. Reib rote Buntstiftkrümel mit dem Finger auf den Händen, den Füßen und den Wangen auf. Die Gesichtslinien malst du mit den Filzstiften auf. Mit einem weißen Lackstift kannst du weiße Lichtpunkte ergänzen (siehe auch Seite 7).

3. Kleb die Hände, die Füße und den Kopf der Abbildung entsprechend an die Filtertüte. Aus dem Dekoband bindest du eine Schleife und befestigst sie zusammen mit den Knöpfen auf der Filtertüte.

Tipp:
Du kannst auch ganz leicht einen Hasenjungen basteln: Mal die Filtertüte gelb und blau an und verzier den Hasen mit blauen Knöpfen und einer blauen Schleife.

Huhn-Eierbecher

Du brauchst:

Eierkartonunterteil, weißen, gelben und roten Tonkarton, weiße Federn, rot-weißes Karoband, etwas Stroh, weiße Plakatfarbe, Filz- und Buntstifte

Vorlage 2, Seite 58

So gehts:

1. Schneide aus dem Eierkartonunterteil die benötigte Form heraus und bemal sie mit weißer Plakatfarbe. Oder nimm einen weißen Eierkarton. Einen Kopf und zwei Flügel schneidest du aus weißem Tonkarton zu (Vorlage 2). Fertige ebenso aus rotem Tonkarton einen Kamm und zwei Füße sowie aus gelbem Tonkarton einen Schnabel an.

2. Den Kamm und den Schnabel klebst du an den Kopf. Reib mit dem Finger rote Buntstiftkrümel als Wangen auf und mal die Augen mit dem Filzstift auf. Den Kopf und die Füße befestigst du an der Eierkartonform.

3. Stich mit der Schere Schlitze in die Seiten und schieb die Flügel dort hinein. Als Schwanz klebst du die Federn hinten fest. Aus Karoband bindest du eine Schleife und klebst sie unter den Kopf. Leg zum Schluss Stroh in den Eierbecher und setz ein Ei hinein.

Zum Muttertag

So gehts:

1. Nach der Vorlage 3 oder freihändig fertigst du eine große weiße und eine kleine hellblaue Blume aus Fotokarton an. Schneide aus rosafarbenem Fotokarton das Gesicht und die Hände zu. Kleb die Blumenteile aufeinander. Reib rote Buntstift-krümel als Wangen auf und bemal das Gesicht. Den Blumenkopf befestigst du auf der Rückseite der Zahnbürste.

Du brauchst:

Kaffeeverpackung, ausgediente Zahnbürste, weißen, rosafarbenen, roten und hellblauen Tonkarton, weißen und blauen Chenilledraht, weißes Dekoband mit roten Herzen (1,5 cm breit), grüne Pflanze, Motivstanzer „Herz" (klein, mittel und groß), Bunt- und Lackstifte

Vorlage 3, Seite 58

2. Verdreh die Chenilledrahtstücke miteinander und bieg sie als Arme um die Zahnbürste herum. An den Enden klebst du die Hände fest. Mit den Motivstanzern fertigst du ein großes und ein kleines rotes Herz sowie ein mittel-großes weißes Herz an. Kleb die Herzen aufeinander und befestige sie an den Händen.

Tipps:

Sollte deine Zahnbürste eine andere Farbe haben, einfach die hellblauen Materialteile austauschen.

Die Alutüte sollte wasserdicht sein, zur Sicherheit kannst du sie aber noch auf einen Teller stellen.

3. Von der Kaffeeverpackung löst du das Papier ab, reinigst die innen liegende Alutüte und schneidest sie in der benötigten Größe zu. Nimm die Pflanze aus dem Blumentopf, stell sie in die Tüte und sorg dafür, dass die Tüte einen guten Stand hat.

4. Den Rand umklebst du mit Dekoband und bindest eine Schleife. Fertige kleine und mittlere Herzen an und befestige sie an der Tüte. Zuletzt platzierst du den Blumenstecker in der Pflanze.

Süßes Bienchen

Du brauchst:
Überraschungsei-Hülle, Joghurt- oder Quarkbecher, Schaschlikstab, schwarzen Perlonfaden, 2 kleine gelbe und eine schwarze Holzperle (3 mm Ø), weißen Tonkarton, hellgrüne Acrylfarbe, verschiedene Lackstifte, dicke Nähnadel

So gehts:

1. Wasch den Joghurtbecher aus, lass ihn trocknen und bemal ihn dann mit hellgrüner Farbe. Nach dem Trocknen trägst du eventuell noch eine zweite Farbschicht auf. Mit den Lackstiften malst du rundherum farbige Blumen auf.

2. Zeichne mit einem schwarzen Lackstift Streifen auf die Ei-Hülle. Die schwarze Holzperle klebst du als Nase fest und gestaltest das Gesicht. Mal zwei Flügel auf weißen Fotokarton und schneide sie aus.

3. Stich mit der dicken Nadel Löcher für die Fühler und für den Schaschlikstab in die Ei-Hülle. Schneide zwei Perlonfadenstücke, je 3,5 cm lang, zu und kleb sie in die Löcher. Ebenfalls mit etwas Klebstoff befestigst du die gelben Holzperlen an die Enden vom Perlonfaden.

4. Steck den Schaschlikstab in das untere Loch der Ei-Hülle und bemal ein Stück vom Stab mit schwarzer Farbe (Stachel). Zuletzt bohrst du ein Loch in den Joghurtbecher und schiebst den Schaschlikstab dort hinein. Eventuell musst du den Spieß etwas kürzen.

Blaues Nilpferd

Du brauchst:

Kaffeedose mit Deckel, weißes und hellblaues Tonpapier, hellblauen Tonkarton, 4 Chenilledrähte in zwei verschiedenen Blautönen, 2 Wackelaugen (1 cm Ø), doppelseitiges Abstandsklebeband, hellblaue Acrylfarbe, Filzstifte, Cuttermesser (nur Erwachsener!)

Vorlage 4, Seite 59

So gehts:

1. Die Dose gründlich reinigen. Lass dir von einem Erwachsenen in den Deckel mit dem Cuttermesser einen Geldschlitz schneiden. Anschließend kannst du den Deckel mit hellblauer Acrylfarbe bemalen. Bezieh die Dose mit hellblauem Tonpapier und umkleb sie danach am unteren Rand mit einem weißen Streifen Tonpapier (5 cm breit).

2. Nach der Vorlage 4 erstellst du Schablonen aus Pappresten und fertigst damit aus hellblauem Tonkarton den Nilpferdkopf, die Hände und die Füße an. Mit den Filzstiften malst du die Verzierungen (schwarze Striche) und beim Kopf die Gesichtslinien auf. Kleb die Wackelaugen auf. An der Rückseite vom Kopf befestigst du zwei Streifen vom Abstandsklebeband, ziehst die Schutzfolie ab und ergänzt noch eine zweite Lage darauf. Kleb den Kopf so an die Dose, dass sich der Deckel gut öffnen lässt.

3. Auf der weißen Tonpapierfläche verteilst du blaue Filzstiftpunkte und verzierst den Rand mit schwarzen Strichen. Mal außerdem einen runden Bauchnabel auf. Verdreh jeweils zwei Chenilledrähte miteinander und kleb sie als Arme und Beine an die Dose. Befestige an den Enden die Hände und die Füße.

Tipp:

Überlass das Schneiden mit dem Cuttermesser unbedingt einem Erwachsenen, es besteht sonst Verletzungsgefahr.

Frosch-Spiel

Du brauchst:
3 Joghurtbecher, Papprolle (Toilettenpapier), hellgrünen Eierkarton (Unterteil), 6 Wackelaugen (1,7 cm Ø), 5 Glitter-Pompons in verschiedenen Farben (2 cm Ø), rote, rosafarbene, hellgrüne und dunkelgrüne Acrylfarben

So gehts:

1. Reinige die Joghurtbecher gründlich und schneide eventuell vorhandene Ränder ab (einen Erwachsenen um Hilfe bitten). Die Becher bemalst du von innen mit roter und von außen mit dunkelgrüner Farbe. Nach dem Trocknen verteilst du hellgrüne Farbflecken auf den Bechern.

2. Schneide aus dem Eierkartonunterteil drei Augenpaare heraus und kleb die Wackelaugen daran fest. Schneide aus der Papprolle sechs Füße zu und mal sie mit dunkelgrüner Acrylfarbe an. Fertige außerdem drei Zungen aus der Papprolle an und mal sie rosa an.

3. Kleb Augen und Füße an die Pappbecher. Befestige die Zungen im Innern der Becher.

Spielanleitung:
Die fertigen Frösche ordnest du versetzt auf dem Tisch an und bestimmst eine geeignete Entfernung. Nun versuchst du mit den Fingern, die Glitter-Pompons in die offenen Mäuler der Frösche zu schnipsen. Wer schafft die meisten Treffer?

Piratenfestung

So gehts:

1. Für den Piraten beklebst du die kleine Papprolle mit apricotfarbenem (4,5 cm breit) und weißem (5,5 cm breit) Tonpapier. Umkleb die Rolle mit drei blauen Tonpapierstreifen (1 cm breit) und ergänz einen braunen Gürtel (1 cm breit). Schneide eine schwarze Gürtelschnalle zu, bemal sie mit weißem Lackstift und kleb sie ebenfalls fest. Reib rote Buntstiftkrümel als Wangen auf und gestalte das Gesicht. Den roten Stoffrest bringst du als Kopftuch an und bindest an der Seite einen Knoten.

2. Für den Turm beziehst du die große Papprolle mit weißem Tonpapier und umklebst sie mit zwei roten Tonpapierstreifen (5 cm breit). Schneide zwei gelbe Fenster, eine grüne Tür und drei schwarze Kreise (Zirkelbreite 1 cm) zu und befestige alle Teile am Turm.

Du brauchst:

große Papprolle (Küchenpapier), kleine Papprolle (Toilettenpapier), roten Stoffrest (z. B. Frotteestoff), Zahnstocher, weißes, gelbes, apricotfarbenes, rotes, grünes, blaues, braunes und schwarzes Tonpapier, Filzstifte, weißen Lackstift, Zirkel

3. Den Zirkel stellst du auf 4 cm Breite ein, fertigst einen Kreis aus schwarzem Tonpapier und schneidest ihn aus. Den Kreis schneidest du bis zur Mitte ein, klebst ihn zu einem „Spitzhut“ zusammen und klebst ihn als Dach auf den Turm. Für die Fahne schneide weißes Tonpapier zu (2,5 x 7 cm), knick diesen Zuschnitt in der Mitte und kleb ihn um einen Zahnstocher. Zeichne zwei sich überkreuzende Knochen auf. Die Fahne steckst du oben in das Dach.

Glitzer-Fisch

So gehts:

1. Die Plastikschale reinigst du gründlich, legst sie auf rosafarbenen Fotokarton, umzeichnest sie mit Bleistift und schneidest die Form aus. Leg die Schale so hin, dass sich der Griff auf der linken Seite befindet. Mit der Nadel bohrst du drei Löcher für die Fäden der Klangstäbe und ein Loch für den Perlonfaden zum Aufhängen in den Rand der Schale. Zieh die Fäden durch die Löcher und verknote sie im Innern, sodass sie nicht herausrutschen können.

2. Mit einem Bleistift markierst du den Kopf auf dem zugeschnittenen rosafarbenen Fotokarton und reibst rote Buntstiftkrümel mit dem Finger als Wange auf. Mal die Gesichtslinien auf und kleb ein Wackelauge fest. Befestige den rosafarbenen Fotokarton auf dem Rand der Plastikschale.

Du brauchst:

runde Plastikschale (z. B. vom Fruchtquark), rosafarbenen, hellblauen und hellgrünen Fotokarton, selbstklebende Hologrammfolie in verschiedenen Farben, Klangstäbe (4 cm, 6 cm, 8 cm lang), Perlonfaden, Wackelauge (1,5 cm Ø), dicke Nähnadel

3. Aus hellblauem und hellgrünem Fotokarton schneidest du Flossen zu. Bereite aus Hologrammfolie in verschiedenen Farben unterschiedliche Schnipsel vor und bekleb den Körper damit, dazu ziehst du vorher die Schutzfolie von der Rückseite ab. Falls etwas übersteht, schneidest du es entlang der Form ab.

4. Zuletzt klebst du die Flossen an den Glitzer-Fisch.

Fröhliches Pferd

Du brauchst:
Getränkeverpackung (Milch), Packpapier, hellbraunen und schwarzen Fotokarton, weiße Wolle, Filz- und Buntstifte

Vorlage 5, Seite 59

So gehts:

1. Die Getränkeverpackung wäschst du gründlich und trocknest sie. Halbiere die Verpackung und bekleb sie mit Packpapier. Mal mit einem braunen Filzstift rundherum Flecken auf. Nach der Vorlage 5 oder freihändig schneidest du einen Kopf, zwei Ohren und die Hufen zu.

2. Kleb die Ohren an den Kopf. Gestalte das Gesicht mit roten Buntstiftkrümeln, einem weißen Buntstift und Filzstiften. Schneide Wollfäden zu und kleb sie als Mähne am Kopf fest. Befestige den Kopf und die Hufe am Körper.

3. Schneide für den Schwanz ebenfalls weiße Wollfäden zu, bündel sie und knote sie zusammen. Mit der Schere bohrst du ein Loch in die Rückseite vom Pferd und steckst den Knoten dort hinein. Nun kannst du Bunt- und Filzstifte in den Stiftehalter stellen.

Marienkäfer

Du brauchst:
Papprücken (Schreiblock), weißes, rotes, orangefarbenes und schwarzes Buntpapier, Bildaufhänger

Vorlage 6, Seite 59

So gehts:

1. Schneide den Papprücken in der Größe 21 x 21 cm zu und bekleb ihn mit rotem Buntpapier. Weißes Buntpapier misst du in der Größe 15 x 15 cm aus, reißt es aus und befestigst es auf der roten Fläche. Bereite viele Buntpapierschnipsel in den benötigten Farben vor.

2. Für den Marienkäfer fertigst du nach der Vorlage 6 Schablonen an, legst sie auf das weiße Buntpapier und zeichnest mit Bleistift die Form nach. Den Kopf und die Arme beklebst du mit orangefarbenen, den Bauch und die Füße mit schwarzen und die Flügel mit roten Buntpapierschnipseln.

3. Nun gestaltest du noch das Gesicht, die Fühler und die Fühlerpunkte. Verteile schwarze Punkte auf den Flügeln und bekleb den weißen Rand mit schwarzen Schnipseln. Bring den Bildaufhänger an der Rückseite an.

Tipp:
Wenn du keinen Bildaufhänger zur Hand hast, kannst du auch einen Bindfaden zum Aufhängen an der Rückseite befestigen.

Lieber Elefant

So gehts:

1. Stell den Zirkel auf 4 cm Breite ein, zeichne einen Kreis auf einen Bierdeckel und schneide ihn aus. Entwirf auf dem zweiten Bierdeckel zwei Elefantenohren und einen Schwanz und schneide diese ebenfalls aus. Die Einzelteile sowie die Papprolle bemalst du mit grauer Fingerfarbe, dazu vermischt du schwarze und weiße Farbe miteinander. Die Innenohren und die Wangen gestaltest du mit pinkfarbener Fingerfarbe.

2. Schneide aus Zeitungspapier verschiedene Streifen zu: Für die Beine je zwei Streifen in der Größe 1,5 x 20 cm, für die Arme je zwei Streifen in der Größe 1,5 x 16 cm und für den Rüssel zwei Streifen in der Größe 2 x 20 cm. Fertige nun Hexentreppenfaltungen. Dafür klebst du je zwei Streifen im rechten Winkel zusammen (1). Im Wechsel faltest du nun von links nach rechts (2), von oben nach unten (3), von rechts nach links und von unten nach oben. Die letzte Faltung klebst du fest (4).

3. Die Ohren befestigst du am Kopf. Kleb den Rüssel in das Gesicht und mal die Augen auf. Mit der Schere schneidest du zwei kleine Schlitze in die Papprolle. Die Arme, die Beine und den Schwanz klebst du an die Papprolle.

Du brauchst:

alte Tageszeitung, Papprolle (Toilettenpapier), 2 runde Bierdeckel, Dekobandrest, weiße, pinkfarbene und schwarze Fingermalfarben, Zirkel

4. Zum Schluss bindest du aus dem Dekobandrest eine kleine Schleife und bringst sie am Kopf an. Den fertig gestalteten Kopf steckst du in die Schlitze der Papprolle.

Schlossgespenst

Du brauchst:

Teebeutel, Papprolle (Toilettenpapier), orangefarbenes und schwarzes Satinband (3 mm breit), weißen Fotokarton, weiße, gelbe und schwarze Fingermalfarben, Filzstifte, dicke Nähnadel

Vorlage 7, Seite 60

So gehts:

1. Nach der Vorlage 7 schneidest du den Gespensterkopf und die Flügel aus weißem Fotokarton zu. Reib rote Buntstiftkrümel als Wangen auf. Die Nase, die Augen und den Mund malst du mit Filzstiften auf und tupfst die Lichtpunkte mit weißer Fingermalfarbe auf. Kleb die Einzelteile an den Teebeutel. Binde aus orangefarbenem Satinband eine kleine Schleife und kleb sie unter den Kopf.

2. Für den Schlossturm schneidest du an einer Seite der Papprolle Zacken heraus. Bemal die Papprolle von innen und von außen mit weißer Fingermalfarbe. Nach dem Trocknen malst du die Fenster, die Tür und die schwarzen Linien für das Mauerwerk auf. Lass alles gut durchtrocknen.

3. Zuletzt ziehst du an den Seiten vom Turm mit der Nähnadel das schwarze Satinband als Aufhängeband durch und verknotest es im Innern. Das Gespenst befestigst du in der Papprolle.

Tipp:

Der Teebeutel verströmt einen schönen Duft in deinem Zimmer. Am besten wählst du für deinen Gespensterkörper deine Lieblingssorte aus.

Kuh-Laterne

So gehts:

1. Stell den Zirkel auf 9 cm Breite ein, zeichne damit auf der Rückseite des Formfilzes zwei Kreise auf und schneide sie aus. Danach stellst du den Zirkel auf 6 cm ein und zeichnest auf einem der beiden bereits ausgeschnittenen Filzkreise einen kleineren Kreis auf. Schneide den Innenkreis anschließend aus und hinterkleb die Öffnung mit Transparentpapier. Den geschlossenen Filzkreis befestigst du am Käseschachtelunterteil und den Filzkreis mit dem Transparentpapier am Käseschachteldeckel.

2. Scheide vom Formfilz einen Streifen in der Größe 10 x 30 cm zu und zieh ihn mehrfach über eine Tischkante, sodass der Streifen eine Rundung erhält. Kleb den Streifen zwischen die beiden Käseschachtelteile. Schneide oben etwas vom Käseschachtelrand ab. Fertige nach der Vorlage 8 einen Kuhkopf und vier Hufe aus Formfilz sowie das Maul aus Fotokarton an. Kleb das Maul auf den Kopf, reib rote Buntstiftkrümel als Wangen auf und zeichne die Gesichtslinien auf. Außerdem ergänzt du die beiden Wackelaugen.

3. Für die Arme und die Beine schneidest du jeweils 8 cm lange Chenilledrahtstücke zu und befestigst die Hufe daran. Kleb den Kopf, die Arme und die Beine der Abbildung entsprechend an den Körper. Zuletzt setzt du das Teelicht in die Tischlaterne.

Du brauchst:

runde Käseschachtel (ca. 15,3 cm Ø), Formfilz „Kuh" (oder Motiv-Fotokarton „Kuh"), weißes Transparentpapier (extra stark), rosafarbenen Fotokarton, 2 Wackelaugen (2 cm Ø), Teelicht, schwarzen Chenilledraht, Filzstifte, Zirkel

Vorlage 8, Seite 60

Tipp:

Sollte die Tischlaterne wackeln, schneidest du einfach die Filzkreise am unteren Rand etwas gerade.

Wichtig:

Die Kerze darfst du nur unter Aufsicht brennen lassen.

Elch-Tischlicht

Du brauchst:
alte CD (oder CD-Rohling), weißen, naturfarbenen, roten, braunen und schwarzen Tonkarton, schwarzen Lackstift, pfirsichfarbene und braune Acrylfarben, Locher, Teelicht

Vorlage 9, Seite 60

So gehts:

1. Die CD grundierst du mit pfirsichfarbener Acrylfarbe. Mal nach dem Trocknen die braune Fläche auf. Mit dem schwarzen Lackstift malst du die Konturen nach und zeichnest den Mund auf.

2. Nach der Vorlage 9 fertigst du Schablonen für das Geweih, die Ohren und die Augen an, legst sie auf den entsprechenden Tonkarton, umzeichnest mit einem Bleistift die Formen und schneidest sie aus. Kleb die Innenohren auf die Ohren. Mit dem Locher stanzt du zwei schwarze Tonkartonpunkte aus und klebst sie auf die weißen Augen. Die Teelichthülle umklebst du mit einem roten Tonkartonstreifen (1,6 x 14 cm).

3. Die Ohren und das Geweih befestigst du hinter der CD, die Augen klebst du auf die Vorderseite. Zum Schluss stellst du das Teelicht als Nase auf das Loch in der CD.

Wichtig:
Die Kerze nur unter Aufsicht brennen lassen.

Tipp:

Wenn du keine CD zur Hand hast, kannst du als Gesicht auch braunen Tonkarton verwenden. Stell dazu den Zirkel auf 6 cm Breite ein und fertige einen Kreis an.

Niedliche Katze

Du brauchst:
Aluschale (Katzen- oder Hundefutterschale), weißen und rosafarbenen Fotokarton, weißen und grauen Chenilledraht, weiße und graue Acrylfarben, Bunt- und Filzstifte

Vorlage 10, Seite 61

So gehts:

1. Die Aluschale grundierst du mit weißer Acrylfarbe. In die noch feuchte Farbe arbeitest du graue Streifen ein und lässt alles gut trocknen. Auf weißen Fotokarton zeichnest du nach der Vorlage 10 oder freihändig einen Katzenkopf, zwei Ohren, zwei Vorder- und zwei Hinterpfoten. Schneide ebenso eine rosafarbene Nase zu.

2. Die Nase und die Ohren klebst du am Kopf fest. Mit dem Finger reibst du pinkfarbene Buntstiftkrümel auf den Kopf und die Pfoten. Die Gesichtslinien und Konturen malst du mit dem Bleistift und dem Filzstift auf, mit dem Pinsel ergänzt du weiße Lichtpunkte. Verdreh jeweils einen grauen mit einem weißen Chenilledraht und schneide für die Beine vier 6 cm lange Stücke und für den Schwanz ein 10 cm langes Stück zu. Außerdem schneidest du für den Hals aus grauem Chenilledraht ein 6 cm langes Stück zu.

Tipp:
Vielleicht hast du eine Katze als Haustier. Dann kannst du die niedliche Katze in den Farben deiner eigenen Katze gestalten.

3. Bohr mit der spitzen Schere Löcher in die Aluschale und schieb die Chenilledrahtstücke dort hinein. Die Enden knickst du auf der Innenseite der Schale um und fixierst sie mit etwas Klebstoff. Zuletzt biegst du den Schwanz etwas rund.

Eichhörnchen

Du brauchst:
kleinen Plastikbecher (Joghurt), runden Bierdeckel, hellgrünen und dunkelbraunen Tonkarton, Foto, hellbraunen Chenilledraht (ca. 14 cm), ein Styroporei (6 cm), braunen Fellrest, Holzwäscheklammer, Eichel mit Eichelhut, Schaschlikstab, kleine Holzklammer, hellbraune Acrylfarbe, Lackstifte, Moos

So gehts:

1. Das Styroporei bemalst du mit brauner Acrylfarbe. Mal nach dem Trocknen das Gesicht mit den Lackstiften auf. Schneide aus braunem Tonkarton zwei Ohren aus. Mit der Schere stichst du Schlitze in das Ei und steckst die Ohren dort hinein. Das Styroporei klebst du auf den Plastikbecher.

2. Hellbraunen Chenilledraht klebst du als Arme um den Plastikbecher. Bieg die Enden rund und befestige dazwischen die Eichel. Schneide aus dem Fellrest einen Eichhörnchenschwanz zu und befestige ihn an der Becherrückseite. Zwischen den Ohren ergänzt du ein Stück Fell als Haare.

3. Befestige das fertige Eichhörnchen mit Kraftkleber auf dem Bierdeckel und bring rundherum Moos an. Die Holzklammer fixierst du am Schaschlikstab, kürzt diesen etwas und klebst ihn zwischen Kopf und Schwanz fest.

4. Zuletzt schneidest du grünen Tonkarton in der Größe 8 x 8 cm zu, fixierst ein Foto darauf und steckst es an die Klammer.

Kleiner Eisbär

So gehts:

1. Die Konservendose reinigst du gründlich, lässt sie gut trocknen und umklebst sie mit weißem Velourspapier. Fertige nach der Vorlage 11 den Kopf, die Hände und die Füße aus weißem, die Nase aus schwarzem und die Innenohren aus rosafarbenem Velourspapier an. Kopf, Hände und Füße klebst du zum Verstärken auf weißen Fotokarton und schneidest die Teile der Form folgend so aus, dass ein schmaler Tonkartonrand stehen bleibt.

Du brauchst:

kleine Konservendose, weißes, rosafarbenes und schwarzes Velourspapier, weißen Fotokarton, weiße und schwarze Wollreste, schwarze Halbperlen (5 mm Ø), rot-weiß gestreiften Strickschlauch (1,5 cm breit), rote Moosgummikugel (3 cm Ø), Dosenpikser, dicke Nähnadel

Vorlage 11, Seite 61

3. Mit dem Dosenpikser stichst du ein Loch in den Dosenboden. Schieb einen schwarzen Wollfaden (ca. 45 cm lang) hindurch und verknote den Faden im Innern einige Male, sodass der Faden nicht herausrutschen kann. Mit der Nähnadel ziehst du das andere Wollfadenende durch die Moosgummikugel und verschließt es ebenfalls mit Knoten.

2. Kleb die Innenohren, die Nase und die Halbperlen im Gesicht fest. Aus schwarzer Wolle legst du einen Mund und fixierst alles mit Alleskleber. Weiße Wollstücke bringst du als Haare an. Kleb ein Stück Strickschlauch als Schal mit Kraftkleber um den Hals und verknote ihn.

4. Zum Schluss befestigst du den Kopf, die Hände und die Füße der Abbildung entsprechend mit Kraftkleber an der Dose.

Spielanleitung:

Die Dose hältst du mit einer Hand fest. Den Ball schwingst du am Bindfaden etwas hin und her, wirfst ihn hoch und fängst ihn mit der Dose auf.

Pinguine

Du brauchst:
2 Papprollen (Toilettenpapier), weißes, gelbes, orangefarbenes, graues und schwarzes Tonpapier, Styroporrest, weißen und schwarzen Lackstift, Küchenmesser

So gehts:

1. Die Papprollen beziehst du mit schwarzem Tonpapier. Aus weißem Tonpapier schneidest du je einen ovalen Bauch und zwei Augen. Fertige aus grauem Tonpapier je zwei Flügel an und aus orangefarbenem und gelbem Tonpapier je zwei Füße und je einen Schnabel. Die Schnäbel knickst du in der Mitte.

2. Die Einzelteile klebst du der Abbildung entsprechend jeweils an den Papprollen fest. Bemal die Augen mit den Lackstiften.

3. Mal mit dem Bleistift eine Eisscholle auf dem Styroporrest auf und schneide sie mit dem Küchenmesser aus. Du kannst aus dem Styropor aber auch ein größeres Stück mit der Hand abbrechen. Setze zum Schluss die Pinguine lose auf die Eisscholle oder kleb sie an.

Wichtig:
Mit dem Küchenmesser nur unter Aufsicht eines Erwachsenen arbeiten und immer vom Körper weg schneiden.

Tipp:

Du kannst auch ganz leicht kleine Pinguinkinder anfertigen. Hierfür halbierst du einfach die Papprollen und schneidest die Einzelteile kleiner zu.

Tannenbaum

So gehts:

1. Die Getränkeverpackung wäschst du gründlich aus, lässt sie gut trocknen und schneidest eine Seite heraus.

2. Markier mit Lineal und Bleistift die Größe 6 x 17 cm, schneide das Rechteck aus und runde die Ecken ab. Das zugeschnittene Türschild beziehst du mit gelbem Veloursapier. Stell den Zirkel auf 1,5 cm Breite ein, mal einen Kreis auf der Rückseite auf und schneide ihn heraus.

3. Nach der Vorlage 12 schneidest du den Weihnachtsbaum sowie die Mütze aus Tonkarton und den Mützenrand, den Mützenbommel, die Nase und die Hände aus Veloursapier zu.

4. Die Nase fixierst du im Gesicht. Die Augen, den Mund, die Mützenpunkte und die „Heftstiche" malst du mit den Lackstiften auf. Bis auf die Hände klebst du alle Einzelteile der Abbildung entsprechend am Türschild fest.

5. Fertige zuletzt aus weißem Tonkarton einen Streifen (2 x 6 cm) an, beschrifte ihn mit deinem Namen und befestige ihn – zusammen mit den Händen – auf dem Weihnachtsbaum. Das Türschild hängst du einfach an die Klinke deines Zimmers.

Du brauchst:
Getränkeverpackung (Saft) oder Papprest, gelbes, weißes, rotes und hellgrünes Velourspapier, weißen, roten und hellgrünen Tonkarton, Lackstifte, Zirkel

Vorlage 12, Seite 61

Korken-Engel

Du brauchst:
2 Weinkorken, 8 Holzkugeln mit Bohrung (1 cm Ø), 2 Holzkugeln mit Bohrung (3 cm Ø), gelbe und orangefarbene Märchenwolle, weißes Transparentpapier (extra stark), rosafarbenes und hellblaues Satinband (3 mm breit), rosafarbene und hellblaue Acrylfarbe

So gehts:

1. Auf die großen Holzkugeln malst du mit den Lackstiften die Gesichter auf. Die Satinbänder legst du jeweils doppelt und knotest sie zusammen. Tropfe etwas Klebstoff in die Bohrung, steck jeweils einen Knoten dort hinein und lass es gut durchtrocknen. Danach klebst du die Märchenwolle als Haare fest.

2. Die Korken bemalst du mit Acrylfarbe in Rosa und Hellblau. Mal nach dem Trocknen die Herzen mit den Lackstiften auf. Kleb kleine Holzkugeln als Hände und Füße an die Korken.

3. Mal Flügel auf einen Papprest und schneide eine Schablone aus. Die Schablone überträgst du zweimal auf Transparentpapier und schneidest die Formen aus. Mit den Lackstiften tupfst du auf einen Flügel rosafarbene und auf den anderen Flügel hellblaue Punkte auf. Lass die Farbe trocknen und schneide die Flügel aus.

4. Zum Schluss klebst du die Flügel jeweils an den Korken fest und befestigst außerdem die großen Holzkugelköpfe.

Tipp:

Zum Bemalen der Korken kannst du diese auf Schaschlikstäbe stecken und zum Trocknen in eine Dose stellen, so bleiben deine Finger sauber.

Baum-Anhänger

So gehts:

1. Den Arbeitsplatz legst du mit den Zeitungen aus. Den Teller füllst du etwa halb voll mit Wasser. Leg eine Keksausstechform in den Teller und zünde das Teelicht im Teelichtglas an. Den gewünschten Kerzenrest zündest du am Teelicht an und tropfst das Kerzenwachs in die Form. Es darf ruhig etwas danebengehen.

2. Lass die erste Wachsschicht etwas erkalten und lass von einem anderen Kerzenrest (andere Farbe) etwas Wachs auftropfen.

Du brauchst:

Zeitungspapier, tiefen Teller, Keksausstechformen „Weihnachten“, Kerzenreste, silberne und goldene Kordel, Wasser, Teelichthalter mit Teelicht, dicke Nähnadel, Feuerzeug oder Streichhölzer

3. Fertige etwa vier bis fünf Wachsschichten an und lass alles gut durchtrocknen. Das Wachs schiebst du vorsichtig nach unten und löst es aus der Form heraus.

Wichtig:

Kerzen darfst du nur unter Aufsicht eines Erwachsenen anzünden.
Zur Sicherheit einen Eimer Wasser zum Löschen bereitstellen.

4. Zum Schluss erwärmst du die Nadelspitze etwas über dem Teelicht und schmilzt damit ein Loch in die Wachsform. Fädle die Kordel durch das Loch und verknote sie.

Tipp:

Wenn du willst, kannst du auch andere Ausstechformen verwenden, z. B. Tiere oder Blumen.

Schneemann

So gehts:

1. Kleb den orangefarbenen Pompon als Nase an die Styroporkugel. Das Gesicht gestaltest du mit den Lackstiften und bringst den Zylinder an. Von der Plastikflasche entfernst du das Etikett und klebst die Styroporkugel auf die Flaschenöffnung.

Du brauchst:

kleine Plastikflasche, schwarzen Zylinder (5,5 cm hoch), Styroporkugel (4,5 cm Ø), blaue Bastelhölzer (1x 2 x 15 cm, 2x 0,5 x 5,5 cm), blau-weiß gestreiften Strickschlauch (1,5 cm breit), 3 schwarze Pompons (6 mm Ø), orangefarbenen Pompon (15 mm Ø), weißen Chenilledraht (ca. 15 cm lang), Lackstifte, kleinen Seitenschneider

2. Kleb den Chenilledraht als Arme um die Flasche, bieg die Enden rund und befestige die kleinen Bastelhölzer als Skistöcke daran. Den Strickschlauch legst du um den Hals und fixierst ihn mit Klebstoff. Bring kleine schwarze Pompons als Knöpfe an.

Tipp:

Wenn du möchtest, kannst du dir aus Styropor noch eine tolle Skipiste basteln.

3. Zum Schluss halbierst du das große Bastelholz mit dem Seitenschneider und klebst die beiden Hälften als Skier unter die Flasche.

Tipp:

Lass dir beim Arbeiten mit dem kleinen Seitenschneider von einem Erwachsenen helfen.

Weihnachtsdeko

Du brauchst:
Eisstiel aus Holz, rot-weiß gestreiften Strickschlauch (1,5 cm breit), roten Wollrest, rote Holzperle (4 mm Ø), etwas Watte, Holzmalstifte

So gehts:

1. Den Eisstiel wäschst du gründlich und lässt ihn trocknen. Leg ihn mit der bedruckten Seite nach unten und grundier ihn mit den Holzmalstiften in Hautfarbe, Weiß und Rot. Dabei lässt du die Farbe immer etwas antrocknen, damit nichts verläuft.

2. Kleb die Holzperle als Nase auf die hautfarbene Fläche. Die Augen, die Knöpfe und den Gürtel malst du auf.

3. Den Eisstiel bestreichst du am oberen Ende mit etwas Klebstoff. Roll den Strickschlauch (ca. 5 cm lang) an einer Seite ein und schieb ihn über den Kopf. Am anderen Ende knotest du ihn mit dem roten Wollfaden zusammen. Fixier den Rand mit etwas Klebstoff, damit dieser nicht ausfranst.

4. Zum Schluss zupfst du etwas Watte zurecht und klebst sie als weißen Bart an den Weihnachtsmann.

Vorlagen

1

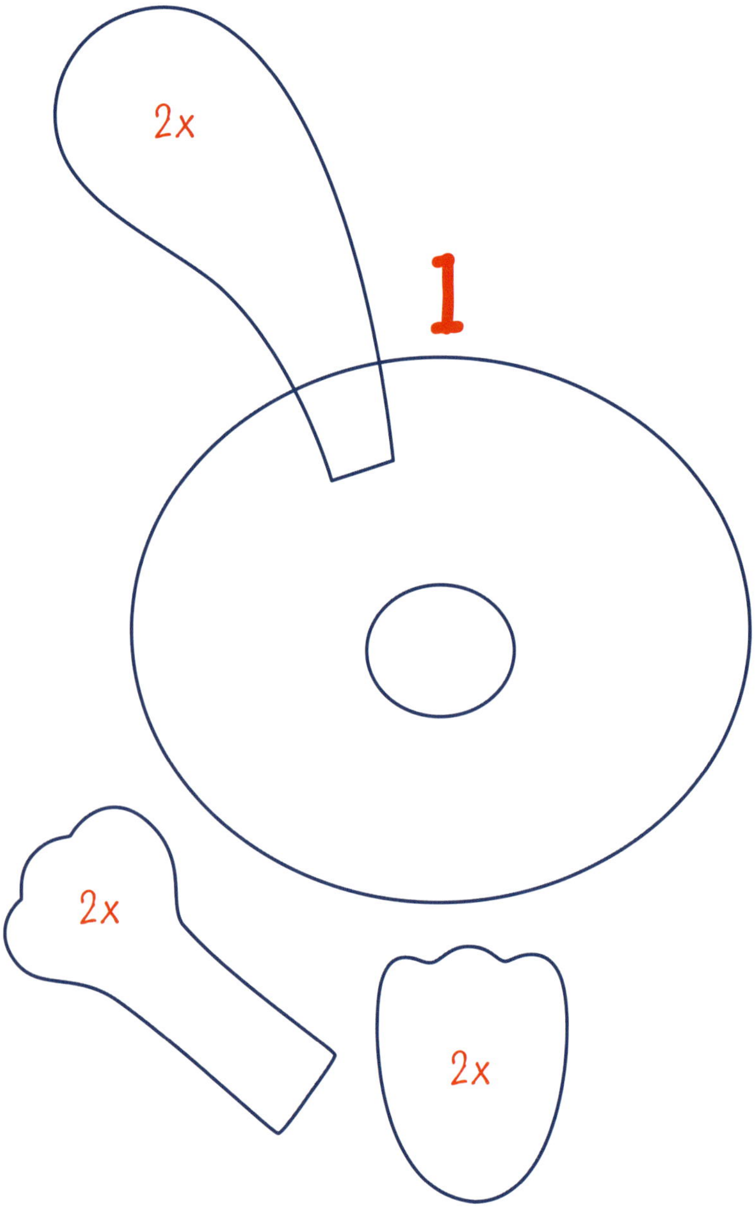

2

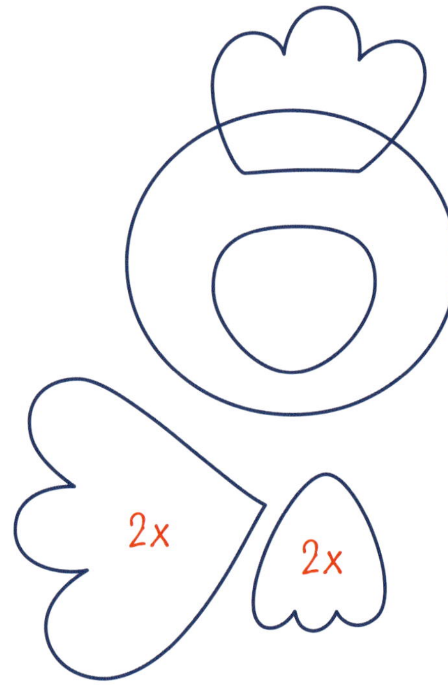

3

4

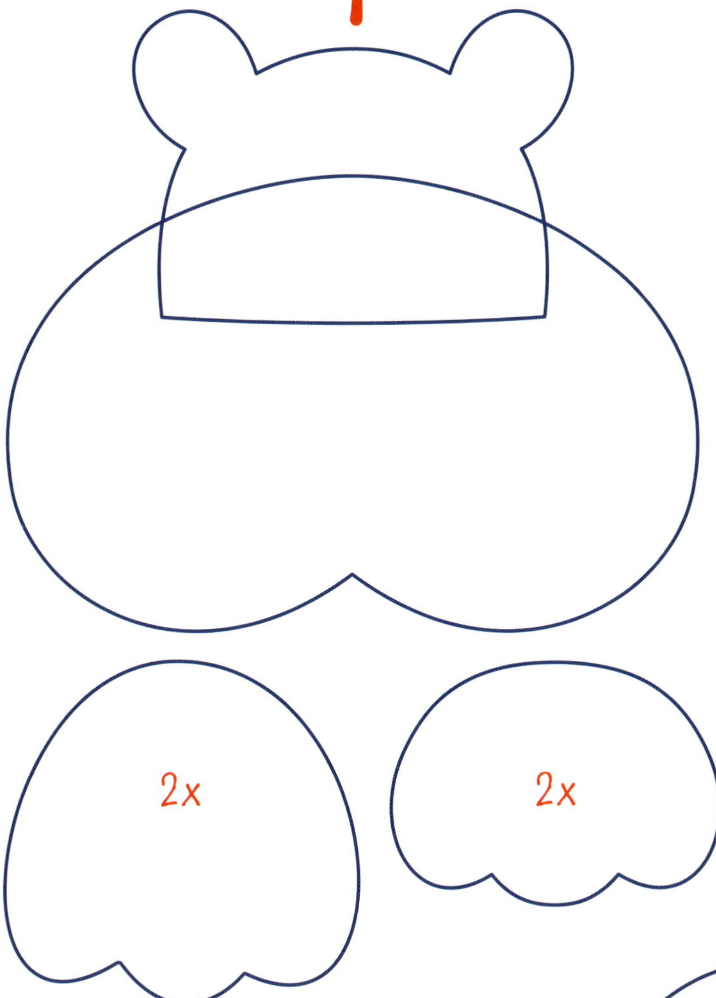

5

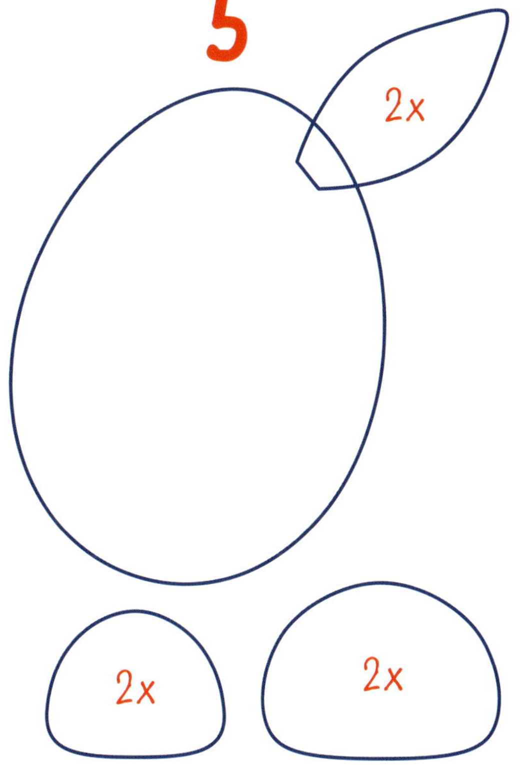

6

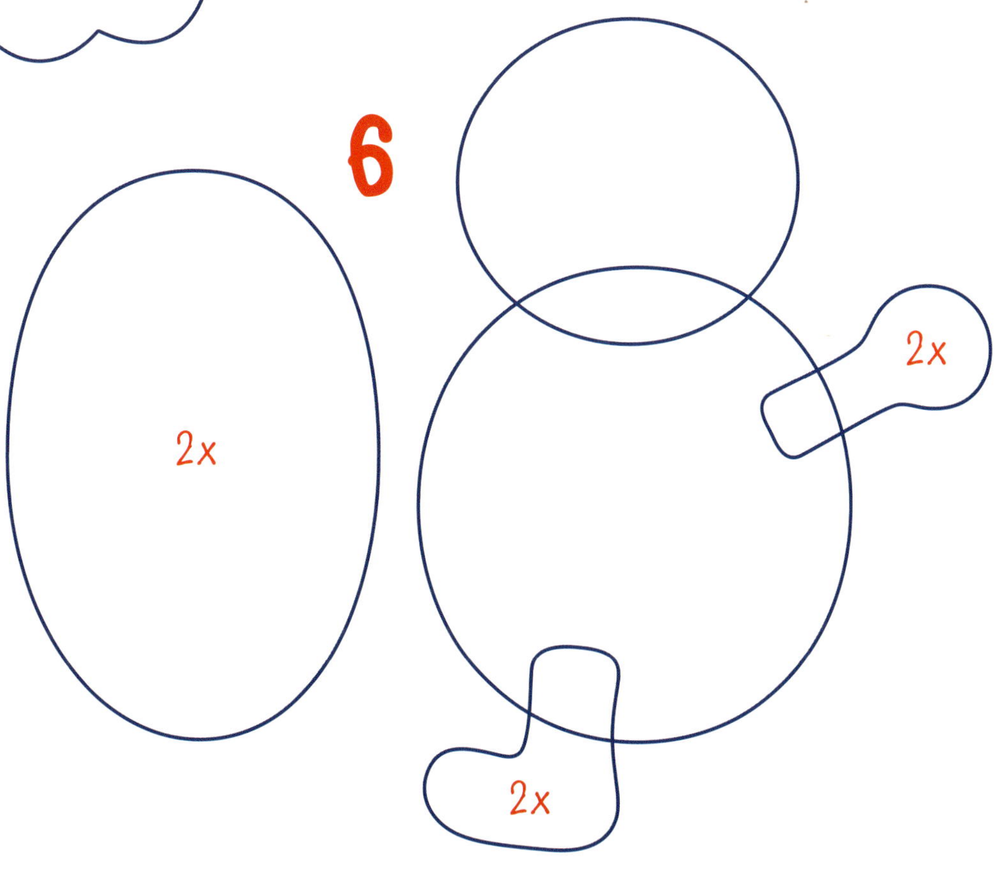

7

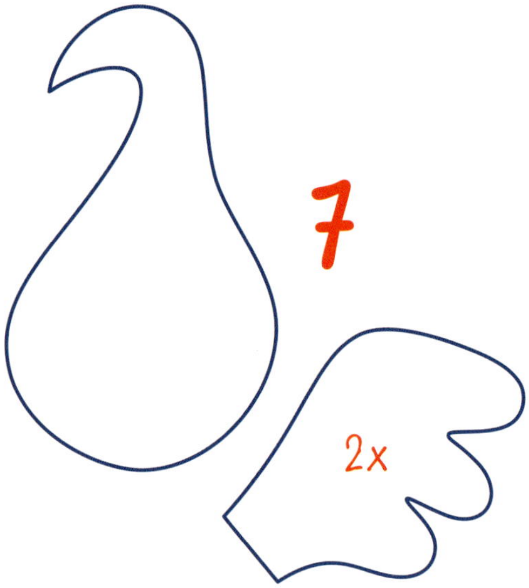

9

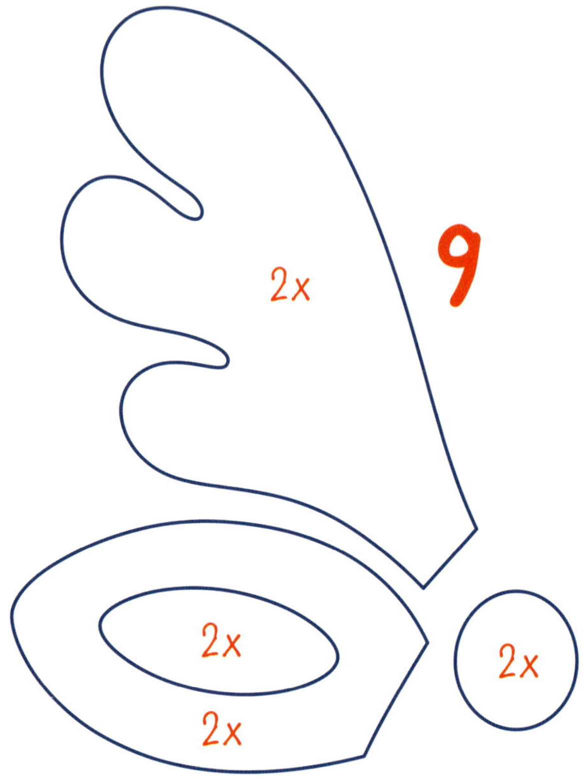

8

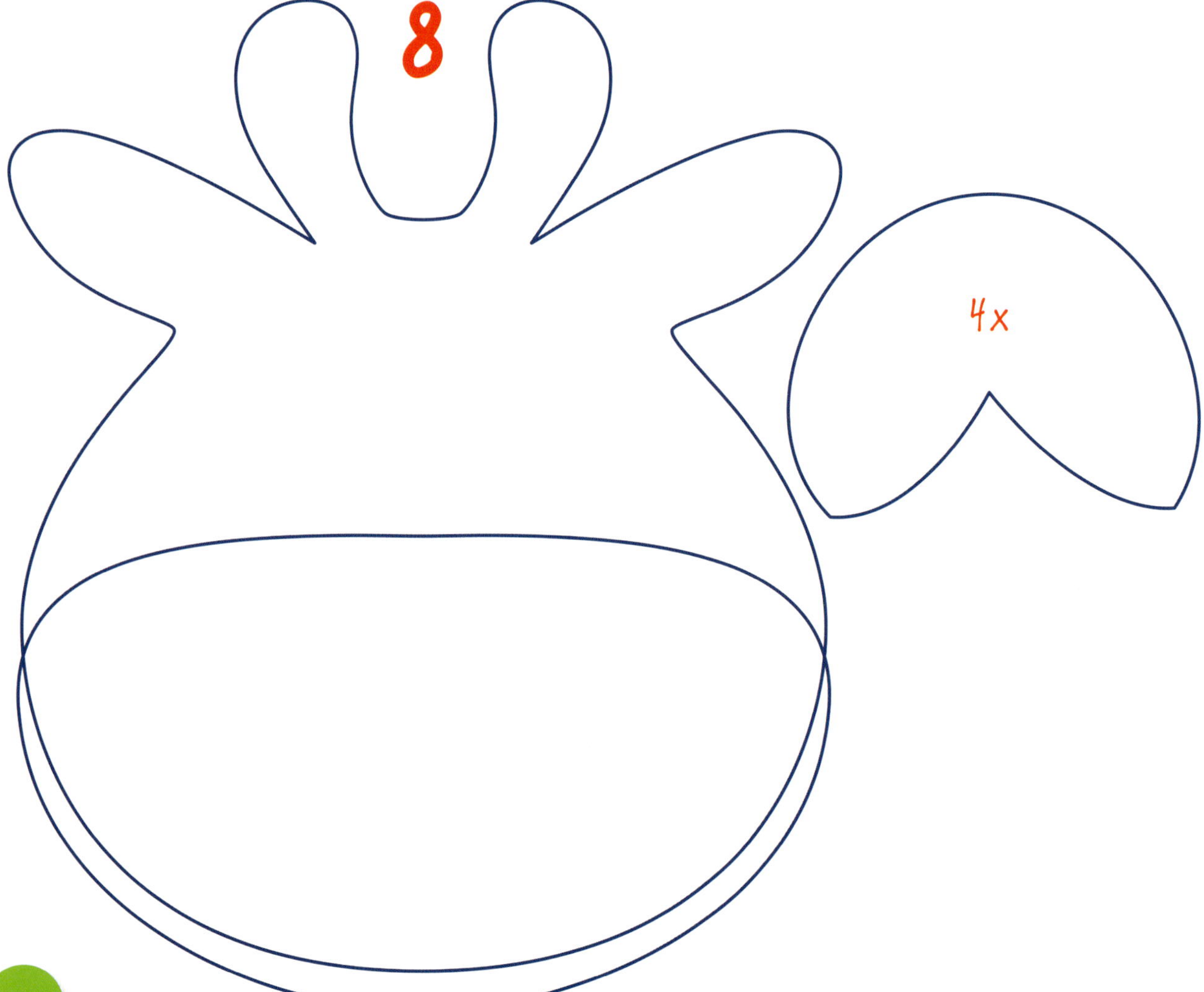

10

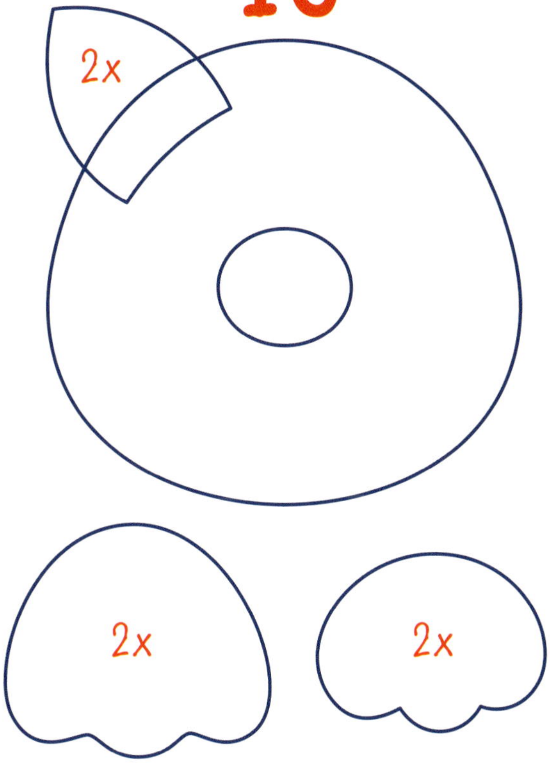

11

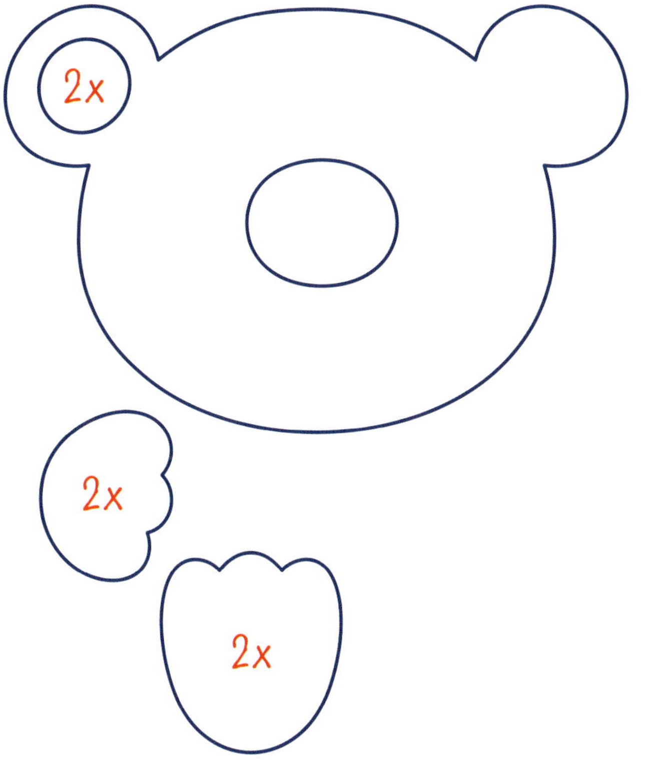

12

Autorin

„Kreativität" wird bei Andrea Küssner-Neubert großgeschrieben. Mit pädagogischem Hintergrundwissen als Erzieherin ermöglicht sie Kindern die Entfaltung ihrer Kreativität und steht ihnen bei diesem wichtigen Lernprozess auf spielerische Art zur Seite. Mit altersgerechten und ansprechenden Modellen führt sie Kinder durch die verschiedenen Abschnitte des Heranwachsens. Nicht das fertige Ergebnis ist wichtig – der Weg ist das Ziel.

Andrea Küssner-Neubert ist seit vielen Jahren Kreativ-Autorin und Redakteurin der Zeitschrift „Basteln mit Kindern" beim OZ-Verlag.

Impressum

www.christophorus-verlag.de

ISBN 978-3-8388-3352-1

Art-Nr. CV3352

Redaktion: Gisa Windhüfel, Freiburg
Fotos & Styling: Roland Krieg, Waldkirch
Arbeitsfotos: Andrea Küssner-Neubert, Meine
Covergestaltung: Yvonne Rangnitt, Freiburg
Satz: GrafikwerkFreiburg
Reproduktion: Meyle + Müller GmbH & Co. KG, Pforzheim
Druck & Verarbeitung: Offizin Andersen Nexö Leipzig GmbH